DES

TROIS POUR CENT.

TROISIÈME APERÇU.

Noli me tangere.

PARIS,

A. ÉGRON, IMPRIMEUR-LIBRAIRE.

RUE DES NOYERS, N° 37;

PONTHIEU, LIBRAIRE, AU PALAIS ROYAL.

1825.

Faites silence, valets, le maître parle.

(Séance du 24 avril 1824). « Il y avait impossibilité d'obtenir ces avantages sans convertir les rentes, et sans l'intervention des compagnies. Leur concours nous était indispensable; tout le monde le sent........ Sans doute que si nous pouvions convaincre les rentiers, qu'ils doivent se résigner à la réduction de leurs intérêts à quatre, nous serions trop heureux....... Mais comment auraient-ils accueilli une semblable proposition?...... La possibilité de rembourser le capital, tel est le seul moyen d'opérer la conversion. Pour obtenir cette possibilité, il faut le secours des compagnies financières. »

Ainsi tombe du ciel la vérité; ainsi l'esprit est envahi et conquis par elle, dès-lors que la manie, ou la frénésie, ne ferment point les conduits de l'intelligence.

Tout le monde sent que les rentiers ne doivent pas se résigner à la réduction, à moins d'y être forcés par le remboursement, par la même raison que le ministre ne doit

DES

TROIS POUR CENT.

TROISIÈME APERÇU.

Noli me tangere.

PARIS,
A. ÉGRON, IMPRIMEUR-LIBRAIRE.
RUE DES NOYERS, N° 37;
PONTHIEU, LIBRAIRE, AU PALAIS ROYAL.
1825.

Faites silence, valets, le maître parle.

(Séance du 24 avril 1824). « Il y avait impossibilité d'obtenir ces avantages sans convertir les rentes, et sans l'intervention des compagnies. Leur concours nous était indispensable ; tout le monde le sent........ Sans doute que si nous pouvions convaincre les rentiers, qu'ils doivent se résigner à la réduction de leurs intérêts à quatre, nous serions trop heureux....... Mais comment auraient-ils accueilli une semblable proposition?....... La possibilité de rembourser le capital, tel est le seul moyen d'opérer la conversion. Pour obtenir cette possibilité, il faut le secours des compagnies financières. »

Ainsi tombe du ciel la vérité ; ainsi l'esprit est envahi et conquis par elle, dès-lors que la manie, ou la frénésie, ne ferment point les conduits de l'intelligence.

Tout le monde sent que les rentiers ne doivent pas se résigner à la réduction, à moins d'y être forcés par le remboursement, par la même raison que le ministre ne doit pas résigner ses fonctions, avant d'y être invité par sa révocation.

Tout le monde sent qu'il n'y a possibilité de rembourser qu'avec le secours des compagnies; qu'il y a impossibilité de convertir les rentes, sans l'intervention des compagnies.

Or, comme le ministre se trouve ici d'accord avec tout le monde, et sans doute est resté d'accord avec lui-même, on doit en conclure qu'il n'a jamais cru, ne croit point, ne croira jamais à la réussite du projet actuel, où il n'apparait ni intervention, ni remboursement, pour déterminer le grand acte de résignation.

Ce projet est une fausse attaque, combinée à l'effet d'en imposer à l'ennemi, de contenir les bandes effarées, de flatter un allié désapointé. L'armée n'en bat pas moins en retraite : et les tirailleurs ont ordre de brûler quelques amorces, de chicaner en cédant le terrain, de prendre des positions de plus en plus en arrière.

Veut-on juger de la rapidité du mouvement rétrograde? Naguère encore, le 19 mai, le ministre s'en rapportait aux deux grands juges de l'opinion et de l'intérêt. Ils auront malversé, sans doute, ils sont cassés aux gages. Et après qu'une série malencontreuse d'argumens n'a pu accomplir l'œuvre de convertir les esprits, il faut recourir à l'*ultima ratio*, au remboursement forcé : C'est la bombe qui succède aux pétards, et le mortier est chargé, une étincelle suffit.

Calomniez, disait Basile, il en reste toujours quelque chose : menaçons, se disent les gens, il en arrive toujours quelque effet. Tout porte coup. Cette balle pleine de vent, pour peu qu'elle soit lancée avec violence, ne laisse pas de produire une certaine commotion.

Basile était le plus habile. Il n'y a point de terme dirimant pour la calomnie ; le sol de l'envie est toujours prêt à s'ouvrir pour en recueillir, pour en féconder le germe. Mais la menace se prescrit par le temps : celui qui est capable de se porter à une telle extrémité, en était capable dès l'origine ; et il ne se serait pas borné à la menace, s'il y avait eu moyen de la réaliser.

Donc, puisque le ministre n'a pas renforcé son projet de réduction par la contrainte du remboursement, c'est qu'il se sentait hors d'état d'obtenir cette clause coercitive; et s'il n'a pu l'obtenir en 1825, pas plus qu'en 1824, comment pourrait-il l'obtenir en 1826, plutôt qu'en 1825 et 1824?

Dans cette affaire, les suppliques, les injures, les menaces, tout est simulé, tout se dit et se fait pour la forme. La finesse ne se berce plus d'aucun espoir; la lassitude n'aspire qu'à se traîner jusqu'à ce grand jour du 6 août. Et là, encore tout palpitant d'effroi, l'oiseau qui perdit dans la mêlée ses plus belles plumes, se repose,

Jurant, mais un peu tard, qu'on ne l'y prendra plus.

Versailles, 18 juillet 1825.

DES

TROIS POUR CENT.

D'APRÈS l'admirable rapport fait au nom de la commission de l'amortissement, il convient de déduire sur la masse de la dette publique, 36 millions de rentes rachetées par l'état, et éteintes de droit, dont le service, au profit de la caisse, rentre dans la classe des autres services publics, et 30 millions immobilisés et mains-mortables, dont la dépense s'assimile à celle des pensions, des rentes viagères : lesquelles rentes ne marquent au grand-livre que sous le rapport des écritures.

Les deux portions effectives de la dette se composent de 100 millions, appartenant *aux rentiers proprement dits, qui soutiennent le crédit par la stabilité de leurs placemens*, et de 30 millions appartenant aux joueurs, *qui changent à peu près chaque mois de possesseurs :* ce sont les expressions mêmes du rapport.

La première portion *se tient*, *en quelque sorte*, *écartée des atteintes de l'amortissement*, et *son action se trouve maintenant restreinte, presque entièrement à la portion mobile*, à cette fraction flottante de la dette, qui peut tendre à s'accroître, depuis que les 5 pour 100 se soutiennent au-dessus du pair.

C'est en faveur des détenteurs de la fraction flottante que la caisse a employé dans neuf ans 573 millions, qui montent à plus de 700 millions, en y ajoutant les intérêts; à l'effet de racheter environ 36 millions de rentes, lesquels reviennent ainsi au denier 20. C'est en leur faveur que l'Etat, après avoir emprunté aux taux de 8 et 9 pour 100, consent, afin d'élever le capital d'un tiers en sus, à leur faire un prêt au taux de 3 pour 100, retenant l'intérêt par ses mains, et hypothéquant le capital adjoint sur les brouillards du crédit.

Or, ces douceurs, ces primes accordées aux spéculateurs de la bourse, sont prélevées aux dépens des propriétaires de rentes. L'amortissement, en exhaussant par artifice le cours des effets publics, nuit à ceux qui n'ont qu'à acheter une fois pour ne jamais vendre, autant qu'il sert ceux qui ont sans cesse à revendre après avoir acheté; et l'addition d'un tiers, au titre des rentiers à capital, n'est proposée, n'est compensée, qu'au moyen de la soustraction d'un cinquième, aux arrérages des rentiers à revenus.

A l'égard de l'intérêt général, il se trouve plutôt compromis que favorisé dans ce système. Suivant le rapport de la commission, *on pourrait mettre en question, si le fond de l'amortissement n'aurait pas pu être aussi productivement placé, en restant disponible dans les mains des contribuables.* Suivant les calculs faits à la tribune, l'addition du capital, accolé à la soustraction de l'intérêt, se balanceront dans les comptes du trésor, pour peu que l'extinction de la dette publique soit poursuivie par le mode actuel d'amortissement.

Ainsi les deux intérêts respectables de la société; ceux des rentiers et des contribuables, sont sacrifiés à l'avidité des spéculateurs, et sont mis en opposition entre eux, tandis que leur accord était parfait; car les rentiers ne tenant qu'au revenu, restent indifférens à la hausse, insensibles aux effets de l'amortissement; et les contribuables eussent été réellement dégrevés par la réduction de son fonds, au lieu que le profit d'un intérêt plus faible est annulé par les frais de rachat d'un capital plus fort.

Le ministre dirige son intention, dans un tout autre sens, autant qu'il apparaît par les faits.

L'action de l'amortissement s'accélérait, et menaçait grandement d'atteindre au terme de l'extinction de la dette; et, suivant son idée, hors de l'amortissement, point de salut. Mais il ne convient pas que le navire entre aussitôt dans le port, car toute manœuvre cesserait. « C'est chose impossible, s'écrie-t-il, de racheter au-dessus du pair; et sur-le-champ il élève le pair d'un tiers, de sorte à mettre sa conscience à l'abri. »

Le crédit de l'état ne pouvait s'élever graduellement, et se fixer solidement, que par le classement des rentes, par leur admission au titre d'immeubles, au moyen de quoi, la portion mobile et vénale s'atténue : et le ministre travaille à forcer la transmutation des rentes qui soutenaient le crédit par la stabilité de leurs placemens, en rentes qui changent à peu près chaque mois de possesseurs.

La baisse de l'intérêt ne devait provenir que de la répercussion des capitaux affluans à la bourse, et de leur dissémination entre les emplois de l'industrie rurale et commerciale ; et le ministre ouvre, aux joutes de l'agiotage, une lice dont les limites sont en baisse à 55, en hausse à 85, comme pour absorber tous les esprits, pour aspirer tous les fonds devers le gouffre de Paris.

Enfin la richesse nationale, qui émane uniquement de l'exercice du travail et de l'action des capitaux, ne saurait profiter de l'existence d'une dette publique, qu'autant que celle-ci offre un placement fixe, ou un emploi temporaire aux fonds qui, autrement, seraient exposés à des pertes, ou resteraient oisifs en caisse : et le ministre suscite, fomente, aggrave les perturbations de son cours, dont l'effet certain est de compromettre les uns, de repousser les autres.

Il a fallu des recherches prolongées pour déterrer les sources où le ministre avait puisé sa maxime capitale sur la dette publique, qui est transcrite dans le second aperçu, page 13, et rencontrer les autorités qui ont pu l'induire à accueillir ce plan de finances, dont le Courrier Anglais a exprimé si bien le caractère, en disant que la France était trop occupée maintenant de ses affaires intérieures, pour se mêler de discussions diplomatiques.

Le premier document paraît avoir été fourni au ministre par Colquhoun, lequel écrivait, en 1815, sous la dictée ministérielle, et à l'époque des plus grands embarras, son grand ouvrage sur la richesse de l'Angleterre.

(Page 283). « Chaque livre sterling sortie de la bourse publique, donne naissance à plusieurs fois son montant dans le produit du travail. Le créancier, avec les fonds qu'il reçoit, devient capable de donner de l'emploi à presque toutes les classes laborieuses. Ces classes placent leur argent dans l'achat des articles qui leur conviennent, au moyen de quoi chaque individu fournit un produit additionnel à la masse de la richesse générale, comme il est visible par la situation prospère du peuple. »

(Page 290). « Si le pays doit être favorisé d'une prospérité progressive, on verra, ainsi qu'il a déjà été prouvé, que la dette fondée sera peu à charge, et qu'elle donnera une impulsion considérable au travail productif de toutes les classes, sur lequel repose exclusivement l'accroissement de la richesse publique. »

Tels sont les principes qui ont été saisis avidement par le ministre, malgré que tous les auteurs, Smith et Sinclair, Hamilton et Lowe, les aient constamment repoussés avec mépris, et que l'absurdité en soit maintenant reconnue par le dernier commis de banque en Angleterre.

Leur influence s'est exercée à un tel point, que l'esprit n'a été nullement frappé de ce corollaire tiré par Colquhoun ; que ce n'est point l'intérêt de la nation de réduire soudainement sa dette publique, quand le service des intérêts n'est pas trop pénible, (290), et que les yeux même n'ont pas discerné ce passage foudroyant, où il déclare que l'usage d'emprunter de sorte à recevoir 60, et à reconnaître 100, en ajoutant un capital nominal, *est hautement injurieux à l'Etat*, (pag. 289).

Or, ce fut un an après, en 1816, car Albion

nous devance toujours, qu'un écrit apparut, dans le temps prôné jusqu'aux nues, maintenant enseveli dans l'oubli, sous le titre d'*Examen impartial du budget*.

Il contient des axiômes curieux :

(Pages 69 et 70). Je prouverai, par les calculs les plus rigoureux, que plus un état emprunte, plus il enrichit sa matière imposable.

(Page 71). Les calculs démontrent également que la dette publique, la richesse générale et les impôts, doivent croître ensemble, et se protéger, se féconder mutuellement.

(*Ibid.*) Il en résulte qu'il faut commencer par emprunter pour pouvoir imposer; qu'à mesure que les emprunts grossissent, les impôts s'allègent; que tel impôt, jusqu'alors impraticable, devient facile quand l'Etat emprunte, et parce qu'il emprunte.

(Page 70, en note). *Quand on a goûté des emprunts et du crédit*, on s'en trouve si bien que l'on ne veut plus y renoncer.

Le système se déploie ensuite.

(Page 74). Il sera créé 25 millions de rentes en 5 pour 100, négociables au minimum de 75 fr.

(Page 75). Pour chaque 100 fr., il sera donné 6 2/3 d'intérêt et un capital nominal de 133 f. 33 c. Les créances arriérées pourront être payées de la même manière.

(*Ibid.*) Les créanciers qui jouissaient de 8 pour 100 d'intérêt, n'en recevraient plus que 6 2/3; mais ils auraient l'espoir de voir augmenter d'un tiers leur capital nominal.

(Page 77). Il faudra assurer à la Caisse d'Amortissement, pour cinq ans, une dotation de 100 millions par an.

(Page 81). Je crois voir dans les *5 pour 100, donnés sur le pied de 6 2/3*, un grand attrait pour les capitalistes.

(Page 87). Que ce plan relève le crédit, et porte rapidement les rentes, (alors à 60), au-dessus de 75, ce n'est pas un chimérique espoir.

(Page 89). L'emprunt que je propose doit en peu de temps ramener les 5 pour 100 au pair.

(Page 101). L'emprunt attirerait promptement de l'étranger des compagnies riches et puissantes.

Les amateurs trouveront peut-être ce rapprochement curieux, et diront s'il pût jamais se rencontrer, entre deux plans, une plus parfaite similitude. Pour dresser le second, il aura suffi, ce semble, de remplir les *bouts-rimés* donnés par le premier :

Création de rentes;
Négociation à 75;
Capital nominal à 133, 33;
Réduction de l'intérêt;
Amortissement énorme;

Dotation pour cinq ans;
Le cours s'élevant de 60 à 75;
La rente ramenée au pair;
Attrait pour les capitalistes;
Compagnies étrangères.

Tout l'œuvre du génie s'est borné à substituer aux 5 pour 100 donnés sur le pied de 6 2/3, les 3 pour 100 donnés sur le pied de 4. *Nil novi sub sole.*

Rien n'est curieux comme d'entendre les sermons du ministre sur les périls du jeu.

(30 avril 1824). On nous a fait l'énumération de toutes les personnes qui vont agioter à la Bourse. Je ne crains pas de le dire : tous ceux dont ce n'est pas le métier, ou la condition, y laisseront leur fortune.

(31 mai 1824). Les moyens proposés sont merveilleusement propres à encourager l'agiotage et à faciliter les combinaisons avec lesquelles les habiles s'approprient à ce jeu la fortune des dupes.

(28 avril 1825). Les instructions données d'acheter de préférence les rentes peu considérables, ont l'inconvénient d'appeler davantage à la Bourse les petits rentiers ; et l'on sait trop à quels dangers on les expose, en les attirant sur ce fatal terrein.

(17 mai 1825). Les rentiers prendront leur parti ; ils feront leur conversion, et surtout ils éviteront de la faire au dernier moment, parce qu'ils reconnaissent comme nous qu'ils ne seraient pas

les plus habiles pour profiter des chances favorables.

Ensuite le ministre expose comment les risques du jeu sont puissamment aggravés par l'intervention des étrangers.

(9 mai 1825). Nous apprenons par lui que la baisse ne vient pas de la France, mais du dehors; qu'elle tient à la situation d'une autre bourse qui a agi sur la nôtre.

(27 avril 1825). Il nous donne quelque idée de cette influence du dehors, en déclarant que, d'après les renseignemens recueillis, environ 25 millions de rentes sont aujourd'hui entre les mains des étrangers, ainsi qu'il l'avait déjà annoncé le 24 avril 1824.

Enfin, comme le ministre n'en finit jamais d'une question, avant de l'avoir coulée à fond, et parfois de s'être coulé à fond lui-même, il a donné ainsi son ultimatum de paroles, et par conséquent de pensées, au moment de prendre congé des députés.

(19 mai 1825.) « Tout est prospère; mais si *demain*, il y avait *le moindre sujet* d'alarme, *dans l'instant* les recettes deviendraient plus faibles et les dépenses plus fortes. Chacun veut aujourd'hui laisser son argent au Trésor; *demain*, *tout le monde* voudrait l'en retirer. »

Le ministre voulait parler de l'état des caisses

du Trésor; mais chacun sait que les mêmes causes se jouent encore plus vivement du cours des effets publics. Au mot *Trésor*, ils suffit de substituer *Grand-Livre*.

Et ces expressions si bien caractérisées, *le moindre sujet*, *dans l'instant*, *tout le monde*, doivent retentir à la plus sourde oreille ; et surtout cette exclamation deux fois répétée : *demain, demain !* est propre à terrasser l'imagination la plus romantique. Ne semble-t-il pas entendre le cri lugubre, qui parcourait jadis certaines villes de France, justement au coup de minuit : *Cras tibi!*

C'est le ministre même qui s'efforce à nous prémunir contre les périls du jeu entre nous bons Français, contre les risques de la baisse, par le fait de ces damnés étrangers, contre la pénurie des espèces et la chute des fonds, laquelle survient dans l'instant, au moindre sujet, et demain.

Or, sans trop s'effaroucher d'être montré au doigt comme un alarmiste, comme un dépréciateur du crédit public, il faut bien le dire, ou plutôt le laisser dire à sa conscience indomtée. Toutes ces chances qui s'allient et se succèdent, sont infiniment plus à craindre à l'égard des 3 pour 100, que des 5 pour 100.

Dans ses demandes réitérées d'un brevet d'importation des fameux 3 pour 100, le ministre a souvent fait mention du crédit public comprimé, de l'essor rendu au crédit, d'un nouveau champ offert au crédit: auxquels grands mots, le crédit ci-devant haut-justicier, et maintenant mis à la chaîne, répondrait en bons termes, si la parole lui était donnée:

« Autrefois, c'était mon essor qui délimitait mon champ, pressant le pas suivant ses forces, prenant quelques pauses à propos, puis se remettant en marche, de sorte à ne pas s'épuiser, à ne reculer jamais; vous avez changé tout cela. C'est votre champ qui doit maintenant commander mon essor : il faut que ce pauvre essor, tout éreinté, tout harassé, n'en galoppe pas moins, tant qu'il y aura de l'espace devant lui; et l'espace que vous lui taillez, s'étend en longitude sur une échelle presque double. »

« Au lieu que 5 fr. d'intérêt valaient 60 fr. en capital, vous avez décrété qu'ils vaudraient d'abord 75 fr., et bientôt 100 fr. Mais songez donc quel nerf il me faudrait avoir pour gravir jusqu'à ces sommités, jusqu'à ce point culminant, où je n'ai pu atteindre qu'une ou deux fois, et me soutenir que quelques instans; quant à moi je ne réponds de rien. Vous aurez beau pousser par derrière; la côte est rude et le sol est glissant : un seul faux pas nous rejette vous et moi, je n'ose le dire, dans le bourbier, Monseigneur. »

Quoiqu'en dise le ministre à ses amis, et les

amis à leur ministre, la vérité reste. Il y a, dans toute rente, un élément fixe et réel, l'intérêt; un élément variable et idéal, le capital; le premier qui est doué de la force d'inertie, le second qui est voué à toutes les anomalies. La proportion établie entre eux, détermine les destinées du cours.

Vous avez des bons du trésor, payables à court terme; leur cote ne s'affecte qu'à raison d'un demi ou trois quarts pour 100. Vous avez eu des annuités, remboursables à échéances; leur cote n'était susceptible que d'une différence de 3 à 4 pour cent.

Donnez-nous des 6 pour 0 : soit en baisse ou en hausse, leur mouvement sera graduel et régulier, sera presque imperceptible, n'étant influencé que par le taux général de l'intérêt dans la contrée.

Donnez-nous des 2 pour 1000 : à peine l'intérêt compte encore; cette sorte d'oreiller du revenu, sur lequel l'existence reposait sans souci, lui est subitement soustraite; et l'imagination effarée se perd aux rêves de la crainte ou de l'espérance : c'est le Mississipi renouvelé de *Law*.

Entre les 6 pour 0, et les 2 pour 1000, viennent se placer nos vieux 5 pour 100, et vos nouveaux 3 pour 100, les uns et les autres obéissant à des lois semblables, bien qu'en un degré différent. En substituant les 3 aux 5, vous jetez la moitié du lest; et le balon ayant perdu l'équilibre, est balotté dans un sens et dans l'autre, est emporté de région en région, jouet de tous les vents.

Ainsi la France joue plus gros jeu que jamais; et, chose étrange, ceux-là même qui avaient le jeu plus en horreur, sont conviés, sont contraints à se ranger autour de la fatale table. La mise est faite pour eux, par les mains du ministre : il n'y a pas à dire; leur seule tâche doit être de tenter le sort, afin de la retirer aussi intacte que possible. Dans les 3 pour 100, qui joue mal ou qui ne joue pas, est de même en perte.

Pour le grand nombre, l'intérêt étant réduit, il faudrait régler sa vie au rabais; et c'est trop difficile. On ne peut plus vivre de son revenu, on voudra vivre sur son capital; delà, on vendra sa rente à un cours élevé, comptant bien la racheter à un cours inférieur; puis on achetera à terme en baisse, comptant bien revendre en hausse; enfin on prendra ou on donnera à prime; on reportera ou on se fera reporter. Y a-t-il du risque, y aura-t-il du désastre?

Tel rentier aura un paiement à faire, et sera forcé de vendre à un jour fixe; mais la cote s'est déjà promenée du haut en bas de l'échelle; il saisira la première occasion favorable. Et si son paie ment est ajourné, il rachetera souvent à perte ; si le diable le tente, il rachetera avec bénéfice : on croirait que cela est fort différent ; et le résultat est tout semblable, car ce bénéfice fortuit doit entraîner des pertes consécutives.

Tel autre rentier aura une somme à recevoir : les mêmes calculs s'opéreront en sens inverse ; les mêmes dommages s'en suivront.

Ce serait à n'en pas finir : tout Français joue ; la France est jouée. En vain l'homme a parlé contre, l'homme agit pour : or, on n'est jugé que sur ses œuvres.

L'HABITUDE est prise dès long-temps, de puiser ses moyens contre une cause, dans les argumens même de l'orateur qui la défend : et certes il n'était pas donné au ministre d'en corriger jamais.

Le tableau du cours des fonds anglais de 1802 à 1824, qu'il a daigné soumettre aux deux chambres, présente le plus précieux document, pour démontrer les risques imminens des 3 pour 100.

En prenant d'abord le maximum et le miminum du cours, on voit que les 3 ont joué de 54 à 84, au lieu que les 5 n'ont varié que de 89 à 111 ; c'est-à-dire que la différence des prix, a été pour les uns à raison de 56 pour 100, pour les autres de 22 pour 100.

En suivant les mouvemens de hausse et de baisse, les 3 ont monté, de 1816 à 1817, du cours de 63, à celui de 84, c'est-à-dire d'un tiers en sus ; et les 5 du cours de 96 à celui de 109, c'est-à-dire d'un septième en sus. De 1818 à 1819, les trois sont tombés de 79 à 67, de plus d'un sixième ; et les 5 de 109 à 104, d'un vingtième seulement.

Puis, en parcourant le tableau, un coup d'œil suffira pour s'assurer que ce rapport entre le mouvement des deux effets, se retrouve constamment. Et il est inutile d'observer que, pendant cette période, les cinq pour 100 n'étaient pas comprimés par la crainte du remboursement, puisqu'ils se sont soutenus de 105 à 110, entre 1817 et 1821.

Le caractère essentiel des 5 pour 100, qui serait également constaté par les tables de *Sinclair*, est donc de telle nature que, d'une part, il tend à exciter, à enflammer la passion de l'agiotage, et que, de l'autre, il expose au plus grand péril, soit les joueurs entraînés par l'habitude, soit les rentiers déterminés par l'exemple.

Il y a dans ce simple exposé, de quoi motiver l'anathême contre les 5 pour 100, sous les rapports de la morale publique, de l'intérêt agricole, et du travail industriel; car le jeu est également leur ennemi mortel.

Cependant, un rapprochement très-piquant, fait par un orateur devenu ministre, indique comment des causes particulières à la France doivent aggraver encore ces résultats funestes.

(30 mai 1824.) « Nous avons vu, il y a 15 mois, la rente tomber de 95 à 75 francs : quand un mouvement de 18 à 20 pour 100 se faisait sentir

chez nous, à peine une fluctuation de 1 ou 2 pour 100 se faisait remarquer en Angleterre. »

Il conviendrait de mettre en tête de ces causes, et l'esprit national, qui est si disposé à l'exaltation dans les idées, à l'exagération dans les faits, et l'emplacement géographique qui met le royaume en état de solidarité, de communauté avec tout le continent, et la situation politique qui laisse tant de motifs de trouble, de discorde et d'inquiétude.

Mais en se bornant aux élémens constitutifs de la bourse, le ministre s'est chargé de les développer, de la manière la plus effrayante, le 24 avril 1821.

Dans une première tirade, il déclare que, dès cette époque, il s'était opéré un déclassement, un passage de la rente, des propriétaires aux spéculateurs, et qu'*une quantité considérable de rentes avait changé de mains*; puis il ajoute que le projet est venu contenir l'élan d'une hausse, qui, *plus elle eût été forte*, *plus elle eût encouragé les rentiers à vendre*, et les spéculateurs à acheter.

Dans une seconde tirade, il expose que les étrangers possèdent 25 millions de rentes, que si on conserve les 5 pour 100 au pair, ce *placement ne leur convenant pas*, *ils réaliseront au plus haut prix* les bénéfices qu'ils ont faits, et qu'il en résultera que nous aurons *encore engouffré dans nos fonds publics*, une masse de numéraire destinée à des emplois plus utiles. Ensuite il garantit qu'en substituant des 3 aux 5, leurs capitaux afflueront au contraire dans nos fonds publics, de sorte à conserver les nôtres aux besoins de l'industrie.

Or, en soustrayant de ces passages tout ce qui est impossible à comprendre, tout ce qui a été démenti par l'événement, la quintescence des paroles ministérielles se réduit à ces deux points capitaux; l'un qu'il y avait en 1824 un déclassement considérable, lequel doit s'être augmenté, et peut s'évaluer à 25 millions de rentes; l'autre que les étrangers possèdent 25 millions de rentes, et se retirent avec leurs bénéfices, quand le placement ne leur convient plus.

Et le ministre ne fait point serment que les rentiers déclassés vont se reclasser aussitôt, sans quoi il existe cependant un déficit de 500 millions à la Bourse.

Le ministre prend l'engagement que les étrangers entreront dans les 3 pour 100, mais non pas qu'ils s'y fixeront à demeure, à défaut de quoi il surviendrait pourtant un nouveau déficit de 500 millions.

En sorte que les destinées du nouvel effet restent suspendues entre une déplorable certitude et des probabilités désastreuses.

Mais la séance du 24 avril n'est pas encore close, et le ministre qui jouit à l'avance de son triomphe, comme si c'était chose accomplie, semble s'attacher uniquement à le rendre plus éclatant encore, en jetant sur ses voies, des difficultés insurmontables en apparence.

(24 avril 1824.) « La conversion de nos rentes ne met aucun obstacle à ce que, plus tard, dans des temps de calamités ou de besoins urgens, vous préfériez, comme l'a quelquefois fait l'Angleterre, l'usage momentané des fonds de l'amortissement à un emprunt onéreux. »

Ici l'anxiété est grande. Est-il permis de relever une erreur flagrante, de faire donner un démenti aux paroles, par les faits mêmes? Eh bien! jamais l'Angleterre n'a fait usage du fonds d'amortissement dans des temps de besoins urgens, en place d'un emprunt onéreux. Ce fonds n'y a été réduit que deux fois, de 1728 à 1733, quand les 3 étaient au-dessus de 100, et en 1820 ou 1821, à l'effet d'abolir les taxes de guerre.

Le ministre termine en disant que c'est une ressource à laquelle il serait dangereux de recourir, suivant *son opinion*, mais qui se trouve ménagée dans *son système*.

Ainsi, quant à l'emploi futur de cette ressource le débat est ouvert entre son opinion et son système. Et comme son système, s'il se réalisait, deviendrait notre système, tandis que son opinion actuelle peut être remplacée par une opinion contraire, et qu'en outre le porteur de cette opinion peut être déplacé par le porteur d'une autre opinion, il s'en suit que le péril est grandement menaçant.

Chacun peut calculer les résultats; chacun peut voir ce que deviendrait ce fonds constitué à 3 pour 100 d'intérêt, et poussé d'abord à 75, puis à 80 et 85 peut-être, alors que le mécanisme de l'amortissement s'arrêterait.

Mais pourquoi dire ces choses? pourquoi prédire des hasards? Le ministère anglais, qui ne l'a jamais fait, le ferait mille fois, plutôt qu'il ne le dirait une seule fois: quant à celui qui le dit, ne doit-on pas croire qu'il est déjà tenté de le faire?

C'EST surtout à l'occasion du projet sur la dette publique, et notamment à l'égard du mode d'amortissement, qu'on a pu observer quelle est la différence des procédés du ministre vis-à-vis l'une et l'autre Chambre. Pas le plus léger mot sur ce point n'est venu chatouiller l'oreille des députés, tandis que le cœur s'est dilaté, s'est librement épanché par devant les pairs.

(Exposé des motifs). La nouvelle combinaison de l'amortissement se réduit à lui interdire le rachat des rentes au-dessus du pair.

(16 avril.) L'intention n'est pas de priver d'une manière absolue les 5 pour 100 du bénéfice de l'amortissement...... Quand ils tomberont au-dessous du pair, l'avantage évident de l'Etat est de les amortir préférablement aux 3.

(26 avril.) Aussitôt que les 5 tomberont au-dessous du cours de 100, les rachats recommenceront, parce que ce sera dans l'intérêt de l'Etat de racheter plutôt des 5 que des 3...... L'Etat fera tout ce qu'il s'est engagé à faire, en soutenant le

prix de cette rente jusqu'au point où il peut la rembourser.

(27 avril.) Le seul droit des 5 pour 100 est de participer à l'amortissement lorsque leur rente est au-dessous du pair; et c'est ce que la loi leur accorde.

(28 avril.) Aussitôt que les 5 pour 100 tomberaient au-dessous du pair, le devoir de l'amortissement serait d'y reporter ses achats.

Voilà des déclarations implicites, manifestes, concordantes; la bonne fortune est rare.

Au-dessus du pair, il est interdit d'acheter des 5 pour 100; au-dessous du pair, il est enjoint d'y reporter les achats. Et c'est le devoir de l'État de les soutenir au pair; c'est l'intérêt de l'État de les amortir, plutôt que les 3 pour 100.

Il s'ensuit que leur droit de participer à l'amortissement s'ouvre au cours de 99 fr. 99 c., et tant qu'un seul coupon est offert à ce prix, commande l'emploi de tout le fond d'amortissement.

Or, mille causes peuvent et doivent faire fléchir les 5 au-dessous du pair, soit la pénurie des capitaux ou l'accroissement de l'industrie, soit la survenance de troubles politiques, ou l'apparence d'embarras diplomatiques, soit même l'échange du ministre actuel contre tel autre, sans doute moins habile et moins heureux en finances.

Et il est laissé au temps, pour se délivrer d'une

de ces œuvres de désastre et de mécompte, dont il accouche à des périodes presque régulières, un intervalle indéfini, jusqu'à ce terme où les derniers débris de notre vieille rente auront succombé dans le déluge de la conversion, ou sous les foudres du remboursement.

Mais alors qu'adviendrait-il des 5 pour 100? Ils ont été frustrés d'un cinquième de leur légitime; et par compensation, l'amortissement leur a été cédé à titre de legs. Si le legs est aboli, leur fortune paraît bien compromise.

Ce fonds de facture inédite est taillé à deux faces : le prix vénal doit en être fort différent, suivant que l'opinion se fixe sur l'un ou l'autre point de vue. Comme le denier vingt, proscrit en une certaine bosse du cerveau, n'est point encore émigré des terres de France, sa valeur se tient entre 55 et 65, au terme moyen de 60, en le considérant sous le rapport du revenu.

Mais c'est sous le rapport du capital, qu'il a été créé dans l'intention du fondateur. Afin que ses hautes destinées s'accomplissent, le capital a été élevé sur le papier de 60 à 100, avec une plus value de 66 2/3 pour 100; et de prime abord, avant qu'un seul fragment eût été soumis à la pierre de touche du crédit, la cote s'est vue inscrite, de par la loi, au taux de 75, à 25 pour 100 en sus de sa valeur courante.

Au sortir de son nid, l'aiglon des hautes Alpes n'a pas un essor moins brillant; et voyez cependant s'il se lance à travers une atmosphère de plus en plus raréfiée, avant que ses ailes aient acquis toute leur envergure; voyez comme il tombe à plat, pour peu que la foudre, qui ne cesse de gronder en ces parages, vienne à frapper, à consumer la pointe de ses plumes.

C'est l'image du jeune 5 pour 100. Les ailes de l'amortissement l'élevaient au-dessus de sa sphère; lui sont-elles retranchées, l'oiseau de l'empirée devient un oiseau de basse-cour.

La forme fantastique de ce fonds, devait se transformer en une substance réelle, par la magie de l'élévation progressive du cours vénal; et la mécanique des achats, en cessant de fonctionner, ne laisse plus de point d'appui aux efforts collatéraux qui s'unissaient à son action, ne présente plus de point de mire aux spéculations qui tentaient de devancer sa marche trop lente.

Or, il importe peu si les achats suspendus un instant, vont se reporter bientôt sur les 5 pour 100. L'œil de l'homme est tourné en arrière des temps; la mémoire le tient sous le joug; dans son idée, ce qui a pu arriver, doit arriver encore.

C'est au moment même, que le charme est rompu, et l'illusion éteinte. L'imagination impatiente de jeu, et indifférente entre les chances d'espérance ou de crainte, ne sera plus disposée qu'à s'effaroucher, à s'épouvanter ; à la moindre inflexion de 5 pour 100, elle les verra revenus au pair, entraînés au-dessous du pair. Et les 3 pour 100 seront jetés en masse sur la place.

Tant d'artifices, tant de manoeuvres, tournent souvent à la ruine des desseins les plus chers. Il valait mieux, mille fois mieux, que l'amortissement eût été voué au soutien des 5 pour 100 ; lesquels, bientôt garantis par le laps du temps, contre le risque du remboursement, allaient s'élever insensiblement sur une base plus solide ; déterminant ainsi un déclassement progressif parmi leurs porteurs, dont les fonds rentraient en partie dans un effet propre à flatter la cupidité, à tromper l'ennui.

Et il n'importe en rien quelle pourrait être, à l'époque fatale, la quantité existante des 3 pour 100 :

Paraissent-ils rares, épars et disséminés dans le vaste espace? l'isolement fomente l'inquiétude ; le petit nombre se fait peur de lui-même : à peine ils se sont comptés, qu'ils sont perdus. Il n'est pas possible qu'un fonds de 80 millions reste long-temps consacré à l'amortissement d'un dixième de la dette, pour le seul plaisir de la racheter avec perte. Il est évident qu'un tel mode doit être changé, puisqu'il a déjà occasioné la dépression des 5 au-dessous du pair, et qu'il nuit par conséquent aux 3, au lieu de les servir.

Les 3 pour 100 se montrent-ils épais, serrés, entassés les uns sur les autres. On sait quel est le caractère des masses : la plus faible cause les excite, les exalte. Il y a une réaction mutuelle et progressive entre leurs membres. Le mouvement général qui entraîne tout le monde, ne reçoit sa direction, son impulsion, que des efforts aveugles de chacun.

D'ailleurs, dans une forte quantité de rentes, il s'en rencontre nécessairement quelques portions qui doivent se réaliser à terme fixe, et qui forçant le cours, portent le trouble, suscitent l'effroi, favorisent les spéculations en baisse.

Il faut entrer dans la question du remboursement, où l'occasion est encore offerte de prendre le ministre par ses propres paroles : chose mille fois trop heureuse, car quel serait l'esprit assez présomptueux pour le combattre, argumens contre argumens.

(Exposé des motifs.) « Enfin, nous avons remis à l'avenir, et à des mesures nécessairement graduelles et divisées en plusieurs années, l'exercice du droit de remboursement; si la faculté de conversion que nous offrons n'amenait pas des résultats tels qu'il nous soit permis d'y renoncer complètement..... »

(26 avril 1825.) « Cette crainte de remboursement a-t-elle d'ailleurs quelque chose de réel? Si, comme on peut le penser, une grande partie des rentiers reste dans les 5 pour 100, n'est-il pas évident qu'un remboursement rapproché est peu à redouter pour eux? Il était possible l'année dernière, et le gouvernement s'était assuré les moyens d'y pourvoir; mais, cette année, trente millions viennent d'être ajoutés à la dette publique,

et cette circonstance exigerait de nouvelles combinaisons, de nouvelles ressources, que l'Etat ne pourrait que difficilement se procurer. Qu'on cesse donc de s'effrayer dans l'intérêt des rentiers, et d'exciter leur inquiétude, en signalant sans cesse l'embarras où les placera la difficulté d'employer leur capital. Cet embarras n'arrivera peut-être jamais pour eux. »

(27 avril 1825.) « L'option étant laissée aux rentiers de conserver les cinq, et la crainte du remboursement n'étant que fort éloignée, tous ceux qui entrent dans les rentes, plutôt en considération de l'intérêt que pour le capital, conserveront les cinq. »

(9 mai 1825.) « S'il y a une masse raisonnable de conversions volontaires, il arrivera que le gouvernement et les deux chambrs, prenant en considération la position de ceux qui ont cru devoir rester dans les 5 pour 100, par des motifs à eux particuliers, et mettant peu d'intérêt pour le Trésor, au petit nombre des rentes qui resteront, il ne sera plus question devant vous des 5 pour 100. »

Ce dernier paragraphe, débité à la tribune des députés, fut vraiment inspiré par l'intention la plus touchante. Un pont d'or est jeté aux timides rentiers qui se seront refusés à passer sur la planche mal assurée de la conversion. Pour peu qu'il n'en reste qu'un petit nombre, il ne sera plus question d'eux devant les chambres : et leurs 5 pour 100, désormais inviolables, vont s'élever au-dessus du niveau des 3 pour 100, en sorte que les cours parallèles seront de 130 contre 75, puis de 180 contre 100.

L'affaire est belle ; il y a sans doute beaucoup d'appelés et peu d'élus, et le paradis ne doit s'ouvrir que dans le cas où les réprouvés seraient en grande masse. Mais les chances sont trop attrayantes ; chacun gardera ses 5 pour 100 et verra venir.

Les autres paragraphes sont plus sérieux : « Le remboursement sera divisé en plusieurs années..... Un remboursement rapproché est peu à redouter..... La crainte du remboursement est fort éloignée..... Cette crainte du remboursement a-t-elle d'ailleurs quelque chose de réel ?... L'embarras de placer leurs fonds, n'arrivera peut-être jamais pour eux. »

Il ne s'était pas encore rencontré, au moins chez un homme d'état, une conviction si forte, si profonde, qu'elle dût lui dicter ainsi les paroles les plus contraires à la réussite de ses projets ; car la conversion ne s'appuyant que sur le remboursement, si le remboursement s'esquive, la conversion tombe à bas. Une telle conviction commande la nôtre, sans aucun examen : avec tout autre ministre, il n'y a rien à craindre, avec celui-ci, moins que rien.

A la rigueur, cependant, son engagement n'est valide que pour un temps mal défini; en prenant un terme moyen entre les divers sens de chaque phrase, on pourrait le fixer à trois ans. Mais n'est-ce pas plus d'un siècle au pays si preste de France? En trois ans, combien de vagues passent sous le Pont-Neuf; combien de ministres passent par le guichet du Louvre!

Et dans l'intérieur, l'intérêt agricole bientôt obéré au dernier degré, l'œuvre industrielle sans cesse s'accroissant d'essai en essai, ne vont-ils pas accourir, d'un pas presqu'égal, bien que par des routes différentes, pour soustraire aux capitaux engouffrés à la Bourse, d'abord telle parcelle, puis telle autre, dont l'addition monte enfin à une somme énorme.

Au dehors, les relations diplomatiques, souvent serviles et toujours stériles, ne doivent-elles pas reprendre un cours analogue à nos destinées naturelles, arrachant le gouvernement aux ténébreux erremens de l'agiotage et le transportant sur ces hauteurs, où le thermomètre de la Bourse tombe à zéro, où se déploie aux regards l'immensité des moyens et des besoins du royaume?

Viennent donc les trois ans; deux ans seulement. Pendant cet intervalle, comment se comporte le cours des 5 et des 3 ? Tout s'oublie, le mal passé n'est que songe ; le mal futur est moins encore. Les espèces l'emportent; contre le poids des 5, le fètu des 3 n'a pas beau jeu à lutter. On voit les uns à 104, à 108, plutôt que les autres à 78 et à 81. C'est une aubaine pour ceux qui veulent vendre.

Quant aux rentiers qui entendent garder leurs effets, ils se sont appropriés, par provisoire, de 2 à 3 pour 100 sur l'intérêt excédant. Et qu'est-ce que le sort leur ménage ? S'il faut en croire le ministre, il n'est pas déjà si facile de rembourser la dette publique; cela sera encore moins facile avec le temps.

Au fait, c'est la conversion qui tente ; elle sera offerte encore, encore accordée. Seulement dans la crainte d'un nouvel échec, la pilule sera mieux dorée ; il y aura quelques douceurs, même pour les paresseux, quelques primes en faveur des empressés.

On sent que les trois mois étaient un délai de convenance et non de rigueur ; il sera prolongé. Le 5 août renaîtra de mois en mois et d'années en années. Pour l'état, c'est bien un profit net que la conversion ; il serait trop bête aussi d'imposer un terme fatal, passé lequel les portes du sanctuaire resteraient fermées aux offrandes des nouveaux convertis. Vous avez tout le temps, mes amis.

Et l'honneur, dira-t-on, l'honneur du ministre, que devient-il? Où donc le ministre va-t-il mettre son honneur? La chose est faite, il n'y a plus à dire. Il faudra sauver l'honneur, il faudra colorer l'offre suppliante de la conversion, au moyen de l'intarissable menace du remboursement.

Mais on ne chicane plus que pour la forme; l'affaire est jugée au fond. Les ressorts de l'illusion et de la terreur sont brisés : désormais les banquiers ne joueront plus sur la foi de leurs déceptions, sur la chance de pousser le cours à 80 ou 85, et de réaliser à ces prix. Que ce soit à tort ou à raison, la ferveur est éteinte, il faudrait inventer un nouveau culte. Où le prendre?

Désormais le ministre ne s'avancera plus avec 370 millions pour rembourser 2 milliards 800 millions. La mine est éventée. Remboursez, crierait-on de toutes parts; et, l'opération accomplie, il lui resterait sur les bras 2 milliards 400 millions de plus en plus intraitables. Qu'en ferait-il?

Encore, cette somme d'une certaine rondeur ne se présentait si gaillardement, que dans la confiance de clore la marche, de combler le gouffre des emprunts; et cet intérêt à un taux inusité n'était généreusement consenti que par l'espérance de palper une prime double et triple, au moyen de la hausse. On n'y sera plus pris.

Dans tous les cas et dans tous les temps, les rentiers seront laissés à leur libre arbitre pour passer des cinq aux trois, et n'ont d'autre péril à courir que d'y être admis au-dessous du cours de 75.

Peut-être y a-t-il moyen de disputer sur le proverbe : un bon tiens vaut mieux que deux tu auras. Mais il est un axiôme qui ne craint point la critique : un bon tiens vaut mieux que deux tu n'auras pas.

La conscience et l'esprit vivent à part et ont leurs besoins distincts : il faut à l'une des principes, à l'autre de la nouveauté ; mais comment trouver un aliment qui satisfasse à la fois ces deux sortes d'appétits ? L'honneur de l'invention était réservée au restaurateur du crédit public.

(24 avril 1824.) « Qu'on songe aux contribuables et qu'on nous dise si la mesure de la réduction du cinquième sur les intérêts des rentes sera *plus onéreuse* ou *moins juste* que l'impôt du cinquième sur le revenu des propriétés foncières. »

Dans *le Moniteur* il est écrit : *sera* et non pas *serait*. Ce dernier mot aurait exprimé un sens conditionnel, un acte éventuel : et ce n'était point cela ; il s'agissait d'un système en voie d'exécution. La mesure de la réduction, ou, pour parler vrai, de l'impôt du cinquième sur les intérêts des rentes, était déjà résolue, arrêtée irrévocablement : tout ce qui se passait en dehors du cerveau créateur, à la vue des Chambres et des peuples, n'avait rapport qu'au mode d'accomplissement.

En face de ce principe, quelque peu acerbe ce

semble, tous les moyens devaient paraître au ministre doux comme miel à l'idée. Le remboursement, d'abord mis en avant, prenait un caractère de galanterie; la conversion proposée ensuite était tenue presque pour une bassesse. Ce n'est pas sans honte et sans douleur qu'une conscience rigide se prête à de tels ménagemens.

De là on conçoit ce qu'on n'avait pas conçu encore, comment le ministre, en se résignant à prendre des voies détournées, a pu présenter ses mesures, à titre de faveur, de grâce spéciale; comment il a pu fixer un délai fatal, après lequel les indignes n'y pouvaient plus participer.

Au moyen de ces artifices du langage, les rentiers semblent être mis en tort, et leur résistance rend le triomphe plus éclatant. Le rembourse- a échoué; fort bien : la conversion a manqué; encore mieux. C'était assez et trop de déviations : le ministre rentre dans la bonne voie, dans la voie infaillible, celle de la réduction pure et simple, ou de la fixation de l'impôt du cinquième sur les intérêts des rentes.

Dès-lors il n'y aura point de compagnies à intervenir, point de bénéfices à allouer, peut-être même point de hausse à attendre. L'affaire se traitera à huis clos dans le conseil de famille; et là, il sera débattu si, tout compensé, un cinquième est plus onéreux à payer qu'un cinquième; s'il est moins juste d'imposer celui à qui l'Etat doit, que celui qui doit à l'Etat, etc.

Laissons couver l'heureuse idée; laissons mûrir des temps propices, et bornons-nous à démontrer qu'il n'existe plus que ce mode, pour accomplir le grand œuvre de la réduction.

La conversion a été offerte, est offerte, sera offerte. Ne faudrait-il pas que le cœur fût bardé d'un triple airain, pour retirer jamais aux rentiers la *faculté de requérir* qu'il leur soit payé un pour cent de moins sur leurs intérêts? Mais la denrée offerte se déprécie de jour en jour : il fallait prendre les gens au premier mot; trop heureux encore de trouver marchand. Il fallait tenter d'allécher avec des 3 à 65, balançant ainsi les 35 pour 100 de capital adjacent avec les 5 pour 100 de capital substanciel. Maintenant tout est fini : les moutons s'obstinent à ne pas livrer leur toison.

Un dernier moyen vraiment de conception satanique échouera ainsi que ses devanciers. Que le le Ciel nous garde d'en accuser le ministre! Mais les valets sont si sottes gens, si plattes gens, que rien n'étonne de leur part.

« Les destins l'ont voulu. Il y aura peu de conversions, 15 ou 20 millions au plus, et les rentes de l'indemnité n'assommeront pas la place. Or, voyez quel sera l'effet d'un amortissement de 80 millions sur cette minime quantité de rentes : on n'en a pas d'idée; le cours jaillit à 80, 85, et monte encore. Personne ne veut des 3 : soyez plus fin que personne et votre fortune est faite. »

La réponse sera courte et sèche. S'il n'y a que 15 ou 20 millions en 3 pour 100, l'amortissement va être aussitôt restitué aux 5, à moins qu'on ne projette un emprunt qui en doublerait la masse; et, de plus, les 3 étant en totalité à vendre ou à reporter, il suffit de la moindre cause pour les ramener à leur valeur réelle, à 60 et au-dessous.

Quant au remboursement, la question est plus compliquée; mais sa solution n'est pas moins claire.

Voici comment le ministre entendait cette opération, l'année passée :

(31 mai 1824.) « On a prétendu que si 2 milliards 800 millions nous étaient demandés, il nous serait impossible de les fournir. Nous avons répondu qu'il serait aussi impossible à nos créanciers de les *utiliser* ailleurs, qu'à nous de *les leur payer.* »

Et voici comment il en parle en ce moment :

(9 mai 1825.) « S'il y a peu de conversions, on aura un effet au-dessus du pair, lequel effet, *par suite de l'agiotage*, aura été poussé à une valeur supérieure à celle qu'il devait avoir : de là résultera la facilité d'emprunter des 3 pour 100 à

80 ou 85, et de rembourser une masse quelconque de 5 pour 100. »

Il faut l'avouer, cela semblait étrange, qu'un Sully, un Colbert, un Necker au moins, imaginât d'atteler un emprunt à la suite de l'agiotage, et qu'un ministre de 1824 et 1825, s'amusât à concevoir un emprunt à 3 et demi pour 100. Rien n'a soulagé comme de voir que le ministre ne pensait pas un mot de tout cela, ainsi qu'il est constaté par ce discours antérieur.

(28 avril 1825). « Si on faisait monter les 3 pour 100 à *un cours factice*, les soumissionnaires de l'emprunt auraient assez d'intérêt à examiner l'état réel de la Bourse, pour ne pas se méprendre sur le véritable taux de l'intérêt. »

L'affirmation et la négation se détruisent : il n'y a rien de dit.

Mais quand les écus viendraient à pleuvoir comme la rosée du printemps, encore faudrait-il que le sol desséché eût été ouvert et ameubli par la charrue, pour s'en approprier les douces influences.

Or, comment les chambres qui n'ont pas voulu en 1824, qui n'auraient pas voulu en 1825, seraient-elles induites à vouloir en 1825, ou 1826, ou 1827; comment pourraient-elles sanctionner jamais un système où il n'est possible de payer qu'autant qu'il est impossible de recevoir, où en place d'offres réelles, il n'est fait que des offres illusoires et comminatoires, où les fonds, si bien utilisés par l'état, sont rendus lorsqu'il n'y a plus moyen de les utiliser, où le crédit de l'état se voit compromis dans l'avenir, sans être favorisé pour le moment, où la culture et les fabriques perdent des capitaux au lieu d'en acquérir, où l'amour des peuples est ébranlé, l'influence au dehors perdue, l'action du gouvernement intervertie.

Et cela se ferait que rien ne serait encore.

La thèse a changé de face : jadis il n'y avait que des écus épars et timides à se mêler de l'affaire ; maintenant son jugement ressort des esprits, et les esprits sont montés, sont irrités. Ne parlez plus de 3 milliards à utiliser : pensez plutôt aux haînes, aux vengeances à assouvir.

C'est l'opération Césarienne que vous avez entreprise : et soit que les outils manquent à votre dextérité, ou que la dextérité manque à vos outils, au lieu de tailler largement et vivement dans les chairs, vous ne savez que déchirer, meurtrir, envenimer la plaie.

« Messieurs, disiez-vous en 1824, les fonds sont prêts et nous pèsent fort ; nous vous offrons la préférence de la conversion : si vous la refusez par humeur, nous usons de notre droit, nous vous remboursons. »

« Chers amis, dites-vous en 1825, cessez de vous effrayer, la crainte du remboursement n'a rien de réel; mais voici une bonne affaire : cédez-nous un cinquième sur l'intérêt, et nous vous gratifions d'un tiers sur le capital. »

Prétendez-vous réitérer l'offre de la conversion : le libre arbitre existe; on refusa d'abord par humeur, on refuse ensuite *à fortiori.*

Tentez-vous d'exhumer la menace du remboursement : votre puissance n'est qu'en paroles; on attend qu'elle agisse; on attendra long-temps.

Vainement vous vous retournez de droite et de gauche, en avant et en arrière : rien ne peut empêcher que les rentiers refusent ou attendent.

Et s'il étoit besoin, qui donc oserait s'opposer à ce qu'ils se réunissent, pour conférer de leurs intérêts, pour instituer un syndicat. Les actionnaires de la Banque et du Phénix sont formés en société; les charbonniers font un corps, on dit même les chiffonniers. Se pourrait-il que les rentiers fussent déchus jusqu'à la caste des *Parias.*

L'exécution est facile. Dans chaque mairie, un notaire, un particulier invite les porteurs de 5 mille livres de rente, qui désignent quelques membres pour l'assemblée générale où la question est posée, s'il faut refuser ou non, s'il faut attendre ou non. Et cela consume peu de temps, commande peu de paroles.

Le ministre ne craint que deux choses, d'abord de se tromper, puis de tromper : par cette voie, les rentiers s'éclairent et l'éclairent : sera-t-il donc content ?

Tout est consommé. Il fallait emporter la place d'assaut ; il fallait s'entendre en finances, connaître les hommes, se connaître soi-même.

Maintenant, quoi qu'il soit dit ou fait, même dans le droit sens, telle est la masse des préventions acquises, que tout serait mal pris, mal compris.

C'est bien triste ; mais enfin on sera forcé de revenir à la réduction pure et simple, à cette réduction pas *plus onéreuse*, pas *moins juste* que toute autre, en un mot à l'impôt du cinquième sur les intérêts des rentes.

Ici le bistouri ne va pas à gauche ; le membre est enlevé sur l'heure : à peine le patient a-t-il le temps de jeter un cri. Et si les forces vitales sont quelque peu altérées, bientôt elles reprennent et se relèvent, tandis que l'état prolongé d'angoisse et de langueur allait les épuiser sans retour.

POST-SCRIPTUM.

Le Moniteur du 20 juillet dit :

« Parce qu'en février 1770, l'abbé Terray a élevé l'intérêt de 4 à 5 pour 100, il faut que la borne reste à jamais où il l'a posée. Telle est pourtant l'absurde proposition, etc., etc. »

Et il ne dit pas que l'intérêt avait toujours été fixé à 5 pour 100 jusqu'à l'édit rendu en 1766, sous M. de Laverdy.

Il ne dit pas que l'abbé Terray n'avait pas osé toucher aux rentes sur l'Hôtel de Ville, qu'on appelait le *pot au feu de Paris*, et que, sans les réduire précisément, il ne fit des fonds que pour les quatre cinquièmes des intérêts.

Il ne dit pas que son mannequin fût brûlé par la populace, et que lui-même manqua d'être noyé en traversant la rivière à Choisy. (Théorie du Crédit Public, pag. 235-246.)

Le Moniteur poursuit :

« Si la conversion est faible, l'amortissement agissant sur un capital *peu étendu*, élèvera *promptement* les 3 pour 100, et alors le Gouvernement n'aura que *le choix* des moyens de rembourser, etc. »

Mais pourquoi le ministre attache-t-il donc tant de prix à la conversion, à moins que ce ne soit pour se délivrer de l'embarras du choix ?

Et comment le Moniteur ne s'aperçoit-il pas que ce capital, peu étendu, s'étendrait au double, si l'emprunt devait rembourser seulement le sixième des cinq restans ; de sorte que les trois baisseraient promptement.

Comment le Moniteur ne se rappelle-t-il pas ces paroles du ministre, que si on faisait monter les 3 à un cours factice, pour opérer un emprunt, les banquiers ne pourraient se méprendre sur le véritable taux de l'intérêt.

« L'intérêt des porteurs de rentes est de se placer dans le fonds public, qui *du moins* présente des chances de hausse, *pour compensation* de celles de baisse, plutôt que de rester dans celui qui, abandonné à lui-même, n'aura plus que ces dernières à subir. »

Le Moniteur a encore perdu la mémoire ; car il a été dit et redit par le ministre, qu'au-dessous du pair, l'amortissement se reporterait sur les 5.

Et il a perdu plus que la mémoire, en déclarant naïvement que les chances de hausse et de baisse se compensaient dans les 3 ; ou du moins il aurait dû démontrer que la perte de l'intérêt s'y compensait aussi par quelque bénéfice encore peu connu.

« Admettons que le besoin arrive, et que l'Etat soit obligé d'emprunter. Alors il choisira celui de ses effets qui lui fournira des capitaux au moindre intérêt. Ce sera à le *soutenir* et à l'élever, qu'il emploiera sa vigilance et *ses ressources.* »

Les 5 doivent supporter ainsi tout le fardeau des emprunts d'obligation et des emprunts de fantaisie ; et l'on ne voit pas comment l'Etat pourrait les soutenir autrement qu'avec les ressources qu'il aurait empruntées d'eux.

« Les porteurs des 5 pour 100 n'auront désormais rien à demander à l'Etat, que le paiement exact des intérêts, jusqu'à ce qu'il lui *convienne* de rembourser le capital. »

Les porteurs ne demandent que cela, quant aux intérêts. A l'égard du capital, ils attendront qu'il convienne à l'Etat de les rembourser, se tenant pour certains que les graves motifs qui s'y opposent maintenant, s'y opposeront toujours.

« Le moment n'est pas loin où les illusions que l'on réchauffe tous les matins auront cessé; et ceux-là se préparent des regrets cuisans, qui auront suivi la direction que cherchent à donner aux esprits, des écrivains *passionnés*, de qui, on le répète, l'intérêt bien connu n'a rien de commun avec celui des rentiers. »

La plume tombe des mains : sauf les illusions réchauffées, le morceau est parfait. Mais, pour Dieu, que les rentiers ne manquent pas de corriger, sur leur exemplaire du Moniteur, la faute d'impression qui suit :

ERRATUM :

Au lieu de *passionnés*, lisez *pensionnés*.

FIN

PARIS, DE L'IMPRIMERIE D'A. ÉGRON,
rue des Noyers, n° 37.

www.ingramcontent.com/pod-product-compliance
Ingram Content Group UK Ltd.
Pitfield, Milton Keynes, MK11 3LW, UK
UKHW020442180726
13839UKWH00004B/1583